AF311668

PRÉCIEUSE COLLECTION

DE

Feu M. R. PAPIN

TABLEAUX

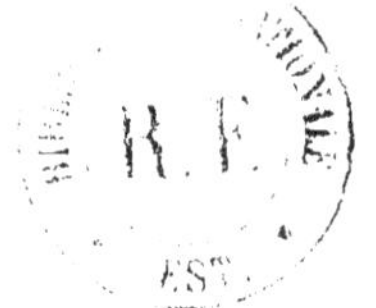

Superbe séance que la seconde vacation de la
collection Papin : on a peut-être vu parfois autant de monde à la salle Drouot, mais rarement
plus d'acheteurs ou d'amateurs sérieux. Une
cinquantaine de toiles à peine — dont quelques-
unes sans la moindre importance, — ont passé
aux enchères, et l'on a fait plus de 400,000 fr.

Voici les prix auxquels sont arrivées les pièces capitales.

Le *Trompette* de Wouwerman, a été adjugé
à M. Demidoff pour 68,100 fr. Il avait été poussé
à 68,000 fr. par M. Narischkine. Ce tableau avait été
vendu 10,000 fr. en 1837, à la vente de madame
la duchesse de Berry.

Le *Pont de bois*, de Ruysdaël, a été acheté
par M. Febvre, peintre expert, moyennant
61,000 fr., pour compte d'une personne incon-
nue. Le tableau était entré il y a dix ans dans
la collection de M. Papin ; il l'avait acheté à l'a-
miable 15,000 fr.

M. Demidoff a acquis un autre Ruysdaël, les
Ruines du château de Brederode, au prix de
25,100 fr. C'est encore lui qui a acheté l'*Incendie*, de Van der Neer, la rareté la plus pré-
-cieuse de cette réunion d'œuvres précieuses,
prix 15,800 fr.

Les Bords de l'Yssel, de Van Goyen, tableau
microscopique, que M. Papin avait payé 700 fr.,
est monté à 15,000 fr. L'*Auberge*, de Van Ostade,
adjugé à 27,000 fr., acquéreur inconnu. Le *Calme*
de Van de Velde, acheté par M. de Wesloff,
19,100 fr. M. Strauss a fait l'acquisition, au prix
de 17,000 fr., des *Bucherons*, de Wouwerman.

Les trois tableaux de Cuyp ont été achetés
par madame Outrebon, qui a mis à cette acquisition une dizaine de mille francs.

Toutes les autres toiles ont été adjugées à de
fort bons prix, et très peu sont restées au-des-
sous des prix demandés par les experts. Le to-
tal de la vente, vacations d'hier et d'aujour-
d'hui, s'est élevé à 564,000 fr.

CATALOGUE

DE

TABLEAUX

DES

PRINCIPAUX MAITRES

DES ÉCOLES ANCIENNES

HOLLANDAISE, FLAMANDE ET FRANÇAISE

ET DE L'ÉCOLE MODERNE

COMPOSANT LA PRÉCIEUSE COLLECTION

De feu M. R. Papin

DONT LA VENTE AURA LIEU

HOTEL DROUOT, Salles n⁰ˢ 8 et 9

Les Vendredi 28 et Samedi 29 Mars 1873

A DEUX HEURES ET DEMIE

COMMISSAIRES-PRISEURS :

Mᵉ CHARLES PILLET,	Mᵉ ALPHONSE DERNIS,
10, rue de la Grange-Batelière.	72, rue d'Hauteville.

EXPERTS :

M. FÉRAL, PEINTRE,	M. DURAND-RUEL,
23, rue de Buffault.	16, rue Laffitte.

EXPOSITIONS
{ *PARTICULIÈRE :* le Mercredi 26 Mars 1873.
{ *PUBLIQUE :* le Jeudi 27 Mars 1873.

CONDITIONS DE LA VENTE.

Elle sera faite au comptant.

Les adjudicataires payeront *cinq pour cent* en sus des enchères.

Paris. — Imp. de PILLET fils aîné, rue des Grands-Augustins. 5.

La collection de feu M. Papin, restée ignorée pendant de longues années, et qui va se disperser au vent des enchères publiques, est le résultat d'une passion aussi profonde qu'éclairée, passion héréditaire, du reste, car certaines acquisitions datent de près d'un siècle; il en est qui ont été faites par le père de M. Papin, en 1777.

Le mérite tout spécial de cette remarquable réunion d'œuvres d'art, mérite enviable entre tous aux yeux des connaisseurs, c'est l'authenticité et la pureté absolues de chaque tableau.

Les amateurs trouveront à satisfaire leurs goûts, suivant les diverses écoles qu'ils affectionnent, car M. Papin était un peu éclectique, mais ses préférences allaient aux Hollandais, très-brillamment représentés chez lui.

Le Philip Wouwerman de la duchesse de Berry, *le Trompette*, tableau de la plus belle qualité du maître; les Jacob van

Ruysdaël, dont trois surtout se disputeront l'admiration des fanatiques de ce noble génie; *l'Auberge*, d'Izaac van Ostade, superbe peinture tout ensoleillée, *l'Intérieur*, de son illustre frère Adriaan; *les Bords de l'Yssel*, de van Goyen, un vrai bijou; *l'Incendie*, d'Aart van der Neer, de l'effet le plus piquant, du faire le plus habile; un Godfried Schalcken exceptionnel; un fort beau Berchem : mentionnons encore Aalbert Cuyp et son père Jacob Gerritsz, Adriaan Brouwer, W. Van de Velde, J.-B. Weninx, etc.; c'est plus qu'il n'en faut pour justifier la grande réputation des Hollandais de M. Papin.

Les Flamands nous offrent un heureux contingent, à la tête duquel brille Téniers, le grand Téniers, David le jeune.

Quelques Allemands et quelques Italiens complétent les maîtres étrangers de la collection.

Les Français ne sont pas nombreux, mais il en est deux que nous trouvons, en qualité, hors pairs. C'est d'abord Joseph Vernet, avec ses *Cascades de Tivoli*, toile de la plus riche ordonnance, du meilleur faire de l'artiste et qui occupe le premier rang dans son œuvre; puis Debucourt, dont notre génération connaît beaucoup mieux les spirituelles gravures que la peinture; ses deux panneaux, — *la Cruche cassée*, surtout, — seront de véritables révélations pour les amateurs; ils ne trouveront pas seulement en Debucourt un homme d'infiniment d'esprit, mais, surprise des plus agréables aux délicats, un artiste très-peintre et que les juges les plus difficiles tiendront en grande estime. Ses deux tableaux, tout en restant fort personnels, ont ce charme d'exécution particulier à l'époque la plus glorieuse de l'art de la Néerlande ; ce sont des morceaux de saveur exquise et d'autant plus précieux qu'ils font exception dans notre dix-huitième siècle.

Nous ne devons pas oublier de signaler aussi quelques modernes, parmi lesquels les deux paysagistes les plus opposés de notre temps : Théodore Rousseau et B. C. Koekkoek.

Les deux Rousseau qui sont à peine connus, sont d'intéressants spécimens de notre maître moderne le plus justement admiré.

En recommandant l'étude des œuvres si diverses qu'avait réunies avec tant de goût M. Papin, non-seulement à tous les amateurs, mais aux hommes éminents qui ont charge de nos collections nationales, nous croyons leur rendre un réel service ; aussi espérons-nous que les uns et les autres sauront y choisir les morceaux les plus précieux pour les conserver à la France.

E. Féral. — Durand-Ruel.

TABLEAUX

DE

L'ÉCOLE HOLLANDAISE

—— ··∞·· ——

BERCHEM

(CLAES PETERSZ dit NICOLAAS)

Né à Harlem en 1620, mort à Amsterdam en 1685.

Élève de son père, de Jan Van Goyen, de Claës Mojaert, de Pieter de Grebber de Jean Wils et de Jean-Baptiste Weeninx.

1 — Le Maréchal ferrant.

A l'ombre de grands rochers sous lesquels est établie sa forge, il est occupé à ferrer un cheval blanc; un cavalier, debout, coiffé d'un chapeau à larges bords, drapé dans un manteau rouge, attend que le maréchal ait fini sa besogne. Un cheval bai et deux chiens sont à sa gauche; à droite, deux femmes, assises sur le bord du chemin; à gauche un second cavalier courtise une servante.

Vers le fond, se détachant sur le ciel, on aperçoit deux bergers chassant devant eux des bestiaux.

Composition pleine de goût et du ton le plus harmonieux.

Signé en toutes lettres.

Bois. Haut., 44 cent.; Larg., 56 cent.

BOL

(FERDINAND)

Né à Dordrecht en 1611, mort à Amsterdam en 1680.

Élève de Rembrandt Harmenz Van Ryn.

2 — Vénus et Adonis.

Adonis est mollement étendu, la tête appuyée sur les genoux de la déesse, assise au pied d'un arbre. Celle-ci tient une couronne qu'elle va poser sur la tête de son amant. A gauche, deux colombes; à droite, un amour jouant avec deux chiens.

Signé en toutes lettres.

Toile. Haut., 1 mèt. 12 cent.; Larg., 90 cent.

BRAKENBURG

(RICHARD)

Né à Harlem en 1650, mort en 1702.

3 — La fin du Diner.

Une jeune femme, à table, écoute les propos d'un galant assis à sa gauche, le chapeau sur l'oreille; derrière elle, une vieille femme; dans le fond, trois fumeurs causent près d'une cheminée.

Haut., 20 cent.; Larg., 15 cent.

BROUWER

(ADRIAAN)

Né à Harlem en 1608, mort en 1640.
Elève de Frans Hals.

4 — L'Opérateur.

Coiffé d'une calotte rouge, il maintient solidement son patient assis sur un escabeau. Celui-ci semble pousser des cris de douleur. Sa femme, les mains jointes, le regarde et prend part à son mal.

Au fond, par la porte ouverte, entre un malade marchant avec des béquilles ; un plat à barbe, des fioles et différents ustensiles complètent l'ensemble de ce précieux tableau d'un maître dont les œuvres sont aussi rares que recherchées.

Bois. Haut., 32 cent.; larg., 41 cent.

CUYP

(AALBERT)

Né à Dordrecht en 1605, mort en 1691.
Elève de son père.

5 — Le Chasseur.

Les cheveux blonds, coiffé d'une toque, vêtu d'un pardessus vert-olive, d'un haut de chausses rouge et chaussé de bottes molles, il est assis au pied d'un arbre, son chien couché près de lui ; à gauche son fusil et du gibier dont un valet lui montre une pièce.

Dans le fond, un autre chasseur vise un oiseau.

Très-remarquable spécimen de la première manière du maître.

Signé des initiales, à droite.

Bois. Haut., 72 cent.; larg., 59 cent.

CUYP

(JACOB GERRITSZ)

Né à Dordrecht en 1575, mort?

Elève d'Abraham Bloemaart.

6 — Mon oye faict tout.

Un jeune garçon, vu à mi-corps, tient une oie sous son bras gauche et de sa main droite un papier sur lequel l'artiste a écrit :

Mon-oye-faict-toût.

Signé en toutes lettres.

Bois. Haut., 69 cent.; larg., 57 cent.

CUYP

(JACOB GERRITSZ)

(PENDANT DU PRÉCÉDENT)

7 — Paysanne tenant un panier d'œufs.

Coiffée d'un chapeau de paille qui fait ombre sur une partie de sa figure, elle est vêtue d'une robe grise et porte un fichu blanc sur les épaules.

Bois. Haut., 69 cent.; larg., 57 cent.

DYK

(PHILIPPE VAN, dit LE PETIT VAN DYCK)

Né à Amsterdam en 1680, mort à La Haye en 1752.
Elève d'Arnold Boonen.

8 — La chaste Suzanne.

Occupée à sa toilette, elle est debout près d'un bassin ;
sur la gauche, les deux vieillards la regardent, en se
cachant derrière le feuillage.

Signé en toutes lettres et daté. 1721.

Cuivre. Haut., 56 cent.; larg., 47 cent.

GOYEN

(JAN VAN)

Né à Leyde en 1596, mort à La Haye en 1656.
Elève d'Esaias Van de Velde.

9 — Bords de l'Yssel.

Sur le devant, un canot dans lequel est un cavalier
avec de nombreux villageois ; à droite, des arbres et
de vieilles maisons en ruine ; sur le bord du fleuve
quelques cabanes et un bateau, dans le fond un
moulin.

Signé du monogramme et daté, 1650.

Nous appelons toute l'attention des amateurs sur ce
tableau, qui unit à une finesse de ton incomparable une
puissance de coloris tout à fait exceptionnelle chez le
célèbre beau père de Jan Steen.

Bois. Haut., 35 cent.; larg., 40 cent.

HEEM

(JOHAN DAVIDSZ DE)

Né à Utrecht en 1600, mort à Anvers en 1674.

Elève de son père.

10 — Bouquet de fleurs.

Des roses, des tulipes, des volubilis, des pieds d'a-
louettes et quelques fleurs des champs, dans une carafe
de cristal posée sur une table en pierre; auprès, une
grappe de groseilles rouges et des pensées.
Tableau de l'exécution la plus fine.

Bois. Haut., 37 cent.; larg., 27 cent.

Vente Patureau.

HEUSCH

(GUILIAM DE)

Né à Utrecht en 1638, mort en 1699.

Elève de Jan Both.

11 — Paysage.

Au centre, un bouquet d'arbres ; à gauche, un chemin
sur lequel passent un voyageur et son mulet; un peu
plus loin, un berger chasse devant lui quelques moutons; au second plan, un lac; à droite, des rochers.

Bois. Haut., 37 cent.; larg., 51 cent.

HUYSUM

(JAN VAN)

Né à Amsterdam en 1682, mort en 1749.

Elève de son père.

12 — Fruits et fleurs.

Une grappe de raisin blanc et quelques fleurs des champs suspendues à un mur.

Signé en toutes lettres, daté 1714.

Toile. Haut., 40 cent.; larg., 33 cent.

MIEREVELT

(MICHIEL VAN)

Né à Delft en 1567, mort en 1641.

Elève de Antoine de Montfort, dit Van Blocklant.

13 — Portrait de jeune femme.

Vue à mi-corps, de face, les cheveux blonds bouclés, elle est vêtue d'une robe bleue ornée de guipure et recouverte d'une large collerette en guipure.

Petit portrait d'une grande finesse d'exécution.

Ovale. Bois. Haut., 20 cent.; larg., 15 cent.

MIERIS

(WILLEM VAN)

Né à Leyde en 1662, mort en 1747.
Elève de son père.

14 — Bacchus et Ariane.

Ils sont dans un beau paysage, assis au pied d'un arbre, se regardant amoureusement ; un enfant est en-
dormi à leurs pieds ; sur la droite, d'autres enfants
jouent avec une chèvre, un faune cause avec une nymphe ; au second plan, à gauche, trois satyres dansent
avec deux jeunes femmes. Un vase et une flûte sont
jetés à terre auprès d'un pavot en fleurs.

Signé en toutes lettres.

Bois. Haut., 57 cent.; larg., 78 cent.

MIERIS

(WILLEM VAN)

Né à Leyde en 1662, mort eu 1747.
Elève de son père.

15 — Portrait d'Adrien Van der Werff.

De face, à mi-corps, une toque sur la tête, sur l'é-
paule droite un manteau de velours grenat recouvrant
un vêtement de couleur olive, il tient de la main droite
un rouleau de papier.

Ovale. Bois. Haut., 14 cent.; larg., 11 cent.

MYN

(GÉRARD VAN DER)

Né à Amsterdam en 1706, mort ?

16 — Cérès.

La déesse tient une torche, elle est assise sur un lit à baldaquin et s'appuie sur son bras droit, la figure et les épaules dans la demi-teinte ; à sa gauche, une jeune femme tient une gerbe ; un amour, une faucille ; à ses pieds sont des vases d'or.

Bois. Haut., 53 cent.; larg., 43 cent.

MYN

(GÉRARD VAN DER)

17 — Vénus et un amour.

La déesse est assise auprès d'une fontaine, à côté d'elle un amour tient une colombe.

Cuivre. Haut., 36 cent.; larg., 31 cent.

NEER

(AART VAN DER)

Né à Amsterdam en 1619, mort en 1683.

18 — L'Incendie.

Au fond, et derrière un moulin, le feu a éclaté : l'incendie, dans toute sa violence, éclaire la campagne ; de tous côtés des personnages, les uns en barque, les autres à pied, se dirigent vers le lieu du sinistre.

Une rivière, sur les bords de laquelle s'élèvent des maisons entourées d'arbres, coupe ce merveilleux paysage, l'un des chefs-d'œuvre de cet artiste.

Signé du monogramme.

Bois. Haut., 30 cent.; larg., 39 cent.

NEER

(EGLON VAN DER)

Né à Amsterdam en 1643, mort en 1703.

Elève de son père et de Jacques Van Loo.

19 — Deux dames et un seigneur sur le péristyle d'une somptueuse habitation.

Debout, la canne à la main, un seigneur est à côté de sa femme placée à sa droite ; devant, une dame assise, un jeune chien sur ses genoux, tient un éventail. Au second plan un valet apporte des oranges sur un plat d'argent.

Toile. Haut., 65 cent.; larg., 54 cent.

NETSCHER

(CASPAR)

Né à Heidelberg en 1639, mort à La Haye en 1684.
Elève de Koster et de Gérard Terburg.

20 — **La jeune fille au perroquet.**

Les cheveux blonds bouclés, vêtue d'une robe de soie jaune décolletée, elle est à une fenêtre, sur l'appui de laquelle sont posés une cage et un superbe tapis de Turquie. Elle tient son perroquet sur ses doigts et lui montre un morceau de sucre. Dans le fond, à droite, un valet porte des gâteaux sur un plat d'argent.

Toile. Haut., 46 cent.; larg., 34 cent.

OSTADE

(ADRIAAN VAN)

Né à Harlem en 1610, mort en 1685.
Elève de Frans Hals.

21 — **Intérieur rustique.**

Dans une grange éclairée par une fenêtre placée à droite, trois personnages : une femme tenant un broc en vide le contenu dans un verre ; un homme est assis, la pipe à la bouche, un autre est vu de dos.

Autour d'eux et en désordre divers ustensiles, une cruche, un chaudron, un plat en terre contenant un poisson, des légumes, etc.

A droite, au premier plan, une barrière et un pilier en bois au pied duquel sont des paniers.

Signé en toute lettre et daté 1647.

Superbe tableau d'une exécution puissante et rembranesque.

Bois. Haut.. 38 cent.; larg., 46 cent.

2

OSTADE

(IZAAK VAN)

Né à Harlem en 1621, mort en 1657.
Elève de son frère Adriaan.

22 — L'Auberge.

De l'autre côté d'un chemin ensoleillé, et à l'ombre de grands arbres qui se détachent sur le ciel, est une auberge couverte de chaume. Des cavaliers s'y sont arrêtés, et l'un d'eux fait rafraîchir sa monture.

A droite une femme debout, un panier au bras, cause avec de jeunes garçons assis sur le talus du chemin.

A gauche une charrette traînée par un cheval blanc, et suivie par un enfant et son chien.

Cette importante composition, si savamment éclairée et si harmonieuse de tons, est de premier ordre dans l'œuvre d'un maître justement recherché.

Signé en toutes lettres et daté. 1638.

Bois. Haut., 56 cent.; larg., 80 cent.

Acheté l'an II à la galerie Lebrun.

POELENBURG

(CORNELIS VAN)

Né à Utrecht en 1586, mort en 1667.

Élève de Abraham Bloemaart.

(DEUX PENDANTS)

23 — Paysage avec ruines et bergers au premier plan.

24 — Satyre poursuivant une nymphe.

Haut., 13 cent.; larg., 18 cent.

ROMYN

(WILLEM VAN)

Né à Harlem en 1646, mort en 1694?

Élève de Nicolas Berchem.

25 — Animaux dans un paysage.

Des bœufs, des chèvres et des moutons au repos occupent le centre et la droite du tableau. A gauche, un berger dort au pied d'un tronc d'arbre. Fond de montagnes.

RUYSDAEL

(JACOB VAN)

Né à Harlem en 1625, mort en 1682.

26 — Le Pont de bois.

Un pont de bois, jeté sur un cours d'eau qui coule au milieu d'un vaste paysage et descend vers la droite, conduit à un chemin qui monte en se perdant sous de grands arbres.

A gauche, sur un chemin sinueux, fuyant sous bois, deux cavaliers se sont arrêtés au pied d'un chêne vigoureux : l'un d'eux, laissant son cheval sous la garde d'un valet, se dispose, suivi de son chien, à tirer sur des canards.

Au premier plan un pêcheur les regarde.

Fond de collines boisées au sommet desquelles on aperçoit une tour et un moulin.

Un ciel splendide répand sur ce superbe tableau une poésie profonde ; l'exécution est magistrale ; la conservation parfaite ; de délicieuses figures peintes par *Philip Wouwerman* ajoutent encore au prix de cette œuvre de premier ordre.

Signé à gauche en toutes lettres, daté de 1654.

Toile. Haut., 1m,05 cent.; larg., 1m,57 cent.

RUYSDAEL
(JACOB VAN)

27 — Le Torrent.

A droite, de grands arbres de l'aspect le plus vigoureux ; un torrent se précipite au pied d'une colline
boisée ; à gauche, des vaches et des moutons ; sur le
devant, des troncs d'arbres coupés.

Ce tableau du faire le plus artistique est orné de
figures peintes par *Adam Pinacker*.

Signé en toutes lettres.

Toile. Haut., 83 cent. ; larg., 1 mètre.

Ce tableau a été acheté l'an II.

RUYSDAEL
(JACOB VAN)

**28 — Les Ruines du château de Bréderode près
Harlem.**

Les ruines du château se dressent au milieu d'une
plaine vivement éclairée par le soleil et coupée par
une longue allée d'arbres.

De gros nuages projettent leur ombre, au premier
plan, sur une partie boisée et sur une prairie en
contre-bas, où se trouve une de ces blanchisseries
que Ruysdaël a rendues avec tant de vérité dans ses
vues panoramiques des environs de Harlem.

Ravissant tableau de l'exécution la plus fine, la plus
spirituelle.

Signé en toutes lettres.

Toile. Haut., 38 cent.; larg., 41 cent.

RUYSDAEL

(JACOB VAN)

29 — Paysage avec cours d'eau.

Un cours d'eau coule entre des rochers, le long d'un
chemin bordé de vieilles constructions en ruine et de
maisons bâties au pied d'une colline boisée ; à droite,
un bouquet d'arbres ; un homme, une femme et quelques chèvres occupent le premier plan. Quelques-unes
de ces figures ont été ajoutées par Demarne.

Signé des initiales.

Bois. Haut., 46 cent.; larg., 62 cent.

SCHALCKEN

(GODFRIED)

Né à Dordrecht en 1643, mort à La Haye en 1706.
Élève de Samuel Van Hoogstraten et de Gérard Dov.

30 — Le Goûter.

Une jeune femme, richement vêtue, est accoudée
sur une table couverte d'un tapis rouge sur lequel est
posée une glace ; elle tient à la main droite un plat de
fruits confits et en porte un à sa bouche ; dans le fond,
un lit.

Ce tableau est tout à fait exceptionnel dans l'œuvre
du maître.

Bois. Haut., 48 cent.; larg., 40 cent.

SLINGELAND

(PIETER VAN)

Né à Leyde en 1640, mort en 1691.

Elève de Gérard Dov.

31 — Portrait d'une dame et de sa petite fille.

Debout dans un parc, une jeune femme, en riche costume, vue jusqu'aux genoux, les cheveux blonds bouclés, donne la main à sa petite fille qui la regarde en souriant et semble lui demander une fleur qu'elle tient à la main gauche.

Signé **P. V. Slingeland, 1681.**

Bois. Haut., 31 cent.; larg., 25 cent.

STEENWYCK

(HENDRICK VAN, LE JEUNE)

Né à Amsterdam en 1589, mort en 1643.
Elève de son père.

ET POELENBURG

(CORNELIS VAN)

32 — Intérieur d'un monument sombre et voûté avec personnages de C. Poëlenburg.

Bois. Haut., 55 cent.; larg., 72 cent.

SWANEWELD

(HERMAN VAN, dit HERMAN D'ITALIE)

Né à Wœrden vers 1620, mort à Rome en 1655.
Élève de Gérard Dov et de Claude Lorrain.

33 — Paysage d'Italie.

Sur le devant, des rochers et un chemin avec personnages ; au second plan, une butte de terre ombragée
par quelques arbres ; dans le fond, une rivière coulant entre des montagnes.

Toile de forme ronde. Diam., 30 cent.

TERBURG

(GÉZINA)

Né à Zwol.
Élève de son frère Gérard.

34 — La Faiseuse de dentelle.

Assise, tournée vers la gauche, vêtue d'un pardessus
en satin jaune avec corsage et jupon rose, son coussin
à broder sur ses genoux, elle tient un morceau de mousseline.

Dans le fond à gauche, une chaise sur laquelle est
posé un coussin de velours rouge.

Toile. Haut., 24 cent.; larg., 22 cent.

VAN DE VELDE

(WILLEM)

Né à Amsterdam en 1633, mort à Londres en 1707.
Elève de son père et de Simon de Vlieger.

35 — Un calme.

Au premier plan, trois bateaux ont hissé leurs voiles et paraissent attendre la brise; de l'un d'eux se détache un canot; vers le fond un navire de guerre.

On retrouve dans ce tableau la transparence et la finesse qui caractérisent les œuvres de ce maître.

Toile. Haut., 41 cent.; larg., 49 cent.

WEENINX

(JAN-BAPTISTA)

Né à Amsterdam en 1621, mort à Utrecht en 1660.
Elève d'Abraham Bloemaart et de Nicolas Mojaart.

36 — Le Bouc.

Au centre et au pied d'un monument en ruine un bouc et une chèvre se défendent contre les attaques d'un chien épagneul; à droite, des moutons gravissent des degrés de pierre. Debout sur ces degrés, un berger ordonne la rentrée du troupeau; sa femme est assise contre un piédestal; au second plan, une fontaine, des voyageurs y font boire leurs chevaux.

Cette importante composition se distingue par la puissance du coloris et par sa belle ordonnance.
Signé en toutes lettres et daté 1659.

Toile. Haut., 82 cent.; larg., 1 m. 10 cent.

WOUWERMAN

(PHILIP)

Né a Harlem en 1619, mort à Harlem en 1668.
Elève de son père et de Jan Wynants.

37 — Le Trompette.

A cheval, au centre, près d'une tente ornée d'un drapeau, il regarde à sa gauche un cavalier qui se dispose à monter un cheval d'allure difficile. A droite, un autre cavalier et une jeune femme attendent le moment du départ; une servante les regarde. A gauche, un mendiant leur tend son chapeau.

Dans le fond à gauche, on aperçoit un camp et un officier drapé dans un manteau rouge faisant sa ronde.

Le ciel, comme toute la composition, est de cette qualité argentine qui donne tant de prix aux tableaux de Wouwerman. Le *Trompette*, qu'on doit ranger parmi les œuvres capitales du maître, a fait partie de la célèbre collection de la duchesse de Berry.

Signé du monogramme.

Bois. Haut., 21 cent.; larg., 41 cent.

Vente duchesse de Berry, 1837.

WOUWERMAN

(PHILIP)

38 — Les Bûcherons.

L'un d'eux tient une grosse branche d'arbre, pendant qu'un autre, monté sur une échelle, la détache du tronc avec sa hache ; un troisième, sur le devant, fait des fagots et en charge son âne; au second plan, une femme, portant son fardeau sur la tête, les regarde.

Elégant spécimen du maître.

Signé du monogramme.

Bois forme ronde. Diam., 18 cent.

WOUWERMAN

(PIETER)

Né à Harlem en 1623, mort en 1683.
Elève de Philip.

39 — Choc de cavalerie.

Au premier plan, des cavaliers se battent. L'un d'eux, babillé de rouge, essuie le feu de l'ennemi, qu'il attaque avec furie, son sabre à la main.

Toile. Haut., 29 cent.; larg., 39 cent.

ÉCOLE FLAMANDE

BALEN

(HENRI VAN, LE VIEUX)

Né à Anvers en 1560? mort en 1632.

40 — Repos de Diane.

La déesse est assise, sous de grands arbres, entourée de ses nymphes. Des pièces de gibier sont à terre.

Bois. Haut., 53 cent.; larg., 95 cent.

BOEL

(PIETER)

Né à Anvers en 1625, mort en 1680.
Elève de Frans Snyders et de Cornélis de Wael.

41 — Fruits et gibier.

Une table sur laquelle sont posés deux lapins de garenne, des cédrats, des pommes, du raisin, deux poules dans un panier ; à gauche un lévrier.

Toile. Haut., 80 cent.; larg., 1 m. 10 cent.

BOUT
(PIETER)

Né à Bruxelles en 1658, mort en 1715?

ET BOUDEWYNS
(ADRIEN-FRANÇOIS)

Né à Bruxelles, en 1644, mort en 1700?

42 — Le Départ pour la chasse au faucon.

Une dame, montée sur un cheval blanc, part pour la chasse, suivie de plusieurs cavaliers et de valets portant des faucons; elle se dirige vers une allée d'arbres et est devancée par un cavalier et un homme sonnant du cor.

Toile. Haut., 42 cent.; larg., 60 cent.

BOUT
(PIETER)

ET BOUDEWYNS
(ADRIEN-FRANÇOIS)

43 — Paysage.

Un chemin tournant, sur lequel passe une charrette et où sont arrêtés quelques villageois; à gauche, un monticule d'où s'échappe un cours d'eau ombragé de quelques arbres; à droite, au second plan, des constructions; fond montueux.

Toile. Haut., 50 cent.; larg., 68 cent.

BRUEGHEL

(JAN, dit DE VELOURS)

Né à Bruxelles en 1568, mort à Anvers en 1625.

Elève de Pieter Goekindt.

44 — Paysage, marine.

Dans un paysage profond coupé par un bras de mer, sur lequel circulent des barques chargées de personnages, des villageois se promènent au milieu de pêcheurs vendant leur poisson. Fond de maisons et de clochers entouré d'arbres.

Cuivre. Haut., 27 cent.; larg., 36 cent.

DAEL

(JEAN-FRANÇOIS VAN)

Né à Anvers en 1764, mort à Paris en 1840.

45 — Bouquet de fleurs.

Des roses trémières, des pivoines, des roses, des oreilles d'ours, des marguerites, du lilas et autres fleurs dans un vase posé sur une table de marbre ; auprès sont des pêches, du raisin et un ananas.

Signé Van Dael, 1792.

Toile. Haut., 85 cent.; larg., 67 cent.

DE MARNE

(JEAN-LOUIS)

Né à Bruxelles en 1744, mort aux Batignolles en 1829.
Elève de Gabriel Briard.

46 — Le Corps de garde.

Entourée de plusieurs officiers occupés à boire, ou

causant, une jeune femme, richement vêtue, essaie le casque de l'un deux ; à droite, un soldat sonne de la trompette.

Ce panneau est de la meilleure époque du maître. Signé en toutes lettres.

Bois. Haut., 24 cent.; larg., 30 cent.

DE MARNE

(JEAN-LOUIS)

47 — La Ferme.

Au premier plan, un chemin où se trouvent des din-dons et un âne ; à droite sous un hangar, deux hommes battent le blé.

Bois. Haut., 28 cent.; larg., 38 cent.

MICHAU

(THÉOBALD)

Né à Tournay en 1676, mort à Anvers en 1755.

48 — Halte de chasseurs.

Quatre cavaliers font halte auprès d'une ferme, deux ont quitté leur monture et se font servir à boire ; sur le devant un valet tient plusieurs chiens en laisse.

Signé T. Michau.

Bois. Haut., 27 cent.; larg., 32 cent.

NEEFFS

(PIETER, LE JEUNE)

Né à Anvers en 1601, mort en 1660?

Elève de Pieter Neeffs le vieux.

49 — Intérieur d'église.

La grande nef au centre est animée de nombreux personnages.

Au premier plan deux seigneurs se saluent ; à gauche un autre personnage fait l'aumône à une mendiante assise au pied d'un des piliers de l'église.

Ce tableau, du meilleur faire du maître, se distingue par l'heureuse distribution de la lumière.

Signé en toutes lettres et daté 1659.

Toile. Haut., 42 cent.; larg., 58 cent.

TÉNIERS

(DAVID, LE JEUNE)

Né à Anvers en 1610, mort à Bruxelles en 1694.

Elève de son père.

50 — La partie de tric-trac.

La partie est engagée ; deux personnages assis jugent les coups ; les deux joueurs sont debout ; l'un d'eux menace du poing son adversaire qui est vu de dos.

A droite, des manteaux que les joueurs ont déposés sur un banc près duquel dort paisiblement un chien.

Dans le fond une vieille femme entr'ouvre une porte.

Excellent spécimen du faire le plus distingué de l'artiste et de sa manière la plus argentine.

Signé en toutes lettres.

Bois. Haut., 33 cent.; larg., 30 cent.

TÉNIERS

(DAVID, LE JEUNE)

51 — Le Joueur de flûte.

Il est assis; à sa droite, une vieille femme, un papier à la main, se dispose à chanter devant un banc de bois sur lequel sont posés une cruche et un verre ; dans le fond apparaît par une porte ouverte, un homme tenant un plat.

Cuivre. Haut., 22 cent.; larg., 16 cent.

TÉNIERS

(DAVID, LE JEUNE)

52 — Intérieur flamand.

Un homme, assis sur un escabeau, fume en tenant une cruche ; derrière lui, une femme assise devant un tonneau, tient à la main un morceau de papier sur lequel est du tabac ; dans le fond, trois fumeurs devant une cheminée.

Signé en toutes lettres.

Bois. Haut., 33 cent.; larg., 30 cent.

ECOLE ALLEMANDE

DIETRICH

(CHRISTIAN-WILHEM-ERNST, dit DIETRICY)

Né à Weimar en 1712, mort à Dresde en 1774.
Elève de son père et d'Alexandre Thiele.

53 — Paysage.

Au premier plan, plusieurs personnages sur un terrain rocheux, auprès de quelques arbres brisés; au second plan, un cours d'eau tombant en cascade; fond de hautes montagnes.

Signé en toutes lettres et daté 1750.

Toile. Haut., 82 cent.; larg., 1 m. 25 cent.

DIETRICH

(PENDANT DU PRÉCÉDENT)

54 — Paysage.

Au centre, six personnages groupés auprès d'un cours d'eau; à droite, de grands arbres; au second plan, un berger chassant devant lui un troupeau de moutons; au fond, à gauche, de grands rochers couverts d'arbres et de constructions.

Toile. Haut., 82 cent.; larg., 1 m. 25 cent.

DIETRICH

55 — Les Baigneuses.

Des jeunes femmes se reposent sur les bords d'une rivière, au pied de grands rochers ; près d'elles quelques moutons.

Très-bonne qualité du peintre, signé en toutes lettres et daté **1743.**

Toile. Haut., 52 cent.; larg., 70 cent.

ELZHEIMER
(ADAM)

Né à Francfort-sur-Mein en 1574, mort à Rome en 1620.
Elève de Philip Hoffembach.

56 — Le Serpent d'airain.

Il se dresse, vers le fond, sur un rocher au milieu du camp des Israëlites : plusieurs d'entr'eux paraissent implorer leur guérison, tandis que d'autres sont étendus mourants.

Bois ovale. Haut., 30 cent.; larg., 40 cent.

MIGNON
(ABRAHAM)

Né à Francfort-sur-Mein en 1739, mort à Wedzlar en 1697.
Elève de Jacob Moreels et de Jan Davidsz de Heem.

57 — Fruits.

Une grenade ouverte, deux pêches, un coing posés à terre ; des abricots, des raisins et autres fruits suspendus. Des insectes voltigent et courent sur ces fruits.

Bois. Haut., 40 cent.; larg., 33 cent.

ROOS
(HEINRICH)

Né à Ottendorf en 1631, mort à Francfort en 1685.
Elève de Barend Graat.

58 — Animaux dans un paysage.

Un taureau, une chèvre et des moutons gardés par une femme et son enfant assis à l'ombre des rochers.

Toile. Haut., 29 cent.; larg., 29 cent.

ROTTENHAMMER
(JOHANN)

Né à Munich en 1564, mort à Augsbourg en 1623.
Elève de son père.

59 — Danaë.

Elle est étendue, regardant la pluie d'or qui tombe sur elle.

Cuivre. Haut., 11 cent.; larg., 15 cent.

ÉCOLE FRANÇAISE

BRUANDET

(LAZARE)

Né en 1755, mort en 1803.

60 — La Mare.

Des bestiaux viennent se désaltérer dans la mare ; un homme les conduit.

Toile. Haut., 24 cent.; larg., 32 cent.

CASANOVA

(FRANÇOIS)

Né à Londres en 1730, mort à Brühl en 1805.

Elève de Guardi et de Simonelli.

61 — Cavalier en marche.

Monté sur un cheval blanc, il se dirige vers la gauche, suivant une cavalcade que l'on aperçoit au second plan.

Bois. Haut., 32 cent.; larg., 23 cent.

DEBUCOURT

(PHILIPPE-JEAN)

Né à Paris en 1755, mort en 1832.

Élève de Vien.

62 — **Le Juge ou la Cruche cassée.**

Dans une vaste salle de village qui sert aux audiences, on voit assis, dans un fauteuil, le juge vêtu d'une sorte de costume rembranesque, la tête appuyée sur la main gauche, interrogeant d'un regard scrutateur le prévenu et la plaignante qui sont à sa droite en face de la table devant laquelle un jeune greffier sourit, la plume à la main. Une fillette, qui n'est guère émue, tient au bras une cruche fêlée que le père du coupable désigne en ayant l'air de dire que ce n'est guère la peine de porter plainte pour si peu, tandis qu'une solide paysanne qui a saisi le grand gars au collet, l'accuse du tort qu'il vient de faire à sa fille. A côté des coupables, un petit garçon et une petite fille occupent le premier plan. Derrière le greffier, une porte ouverte laisse apercevoir un gentilhomme et deux dames.

A la gauche du tableau, dans le fond, des paysans attendent leur tour d'audience, et la porte d'entrée laisse apercevoir le village.

Ce ravissant tableau, regardé avec raison comme le chef-d'œuvre de Debucourt, a figuré au Salon de 1781, et a été gravé par J.-J. LEVEAU.

Bois. Haut., 33 cent.; larg., 41 cent.

DEBUCOURT

(PHILIPPE-JEAN)

(PENDANT DU PRÉCÉDENT)

63 — **La Consultation redoutée.**

Debout, devant un médecin qui regarde attentive-
ment le contenu d'un verre, une vieille femme et sa
fille attendent le résultat de cet examen avec une
préoccupation que semblent partager un jeune seigneur et son père présents à la consultation. Quelques villageois regardent avec curiosité.

Vers le fond, d'autres personnages causent en at-
tendant leur tour.

Panard, dans son examen du Salon de 1781, s'ex-
prime ainsi sur *le Juge ou la Cruche cassée* et sur *la
Consultation redoutée* : « Petits tableaux de grande
manière, d'une touche savante et d'un fini précieux;
ils réunissent une grande connaissance du clair-obscur :
la lumière y est discrètement ménagée et les effets en
sont doux, harmonieux. »

Bois. Haut., 33 cent.; larg., 41 cent.

DUPLESSIS

(JOSEPH-SIFRÈDE)

Né à Carpentras en 1725, mort à Versailles en 1802.
Élève de son père et du frère Imbert.

64 — **Portrait du roi Louis XVI.**

Vu à mi-corps, la figure de trois quarts, regardant
vers la droite, il porte un habit gris rosé, à revers de
satin et riches broderies ; la main gauche sur la hanche,
la droite dans le gilet ; sur la poitrine, l'ordre de la
Toison d'or, la plaque et le grand cordon du Saint-
Esprit.

Toile. Haut., 80 cent.; larg., 63 cent.

DUPONT

(L. C.)

65 — **Paysage.**

Au centre, un chemin avec personnages ; à droite et
à gauche, des arbres et des rochers d'où s'échappe
un cours d'eau.

Signé en toutes lettres et daté 1792.

Toile. Haut., 42 cent.; larg., 58 cent.

ÉCOLE FRANÇAISE

66 — Portrait de jeune femme.

Assise dans un jardin, vue jusqu'aux genoux, le bras gauche appuyé sur un socle de pierre, figure de face, cheveux bouclés et poudrés, ornés de fleurs et de rubans, un bouquet au corsage ; elle tient une guirlande.

Haut., 1 m.; larg., 75 cent.

FRANQUELIN

(JEAN-AUGUSTE)

Né à Paris en 1798.
Elève de Regnault.

67 — Souvenirs et regrets.

Une jeune femme assise devant une cheminée relit des lettres qu'elle a prises dans un coffre posé près d'elle à terre.

Signé : Franquelin.

Toile. Haut., 55 cent.; larg., 46 cent.

LA HIRE

(LAURENT DE)

Né à Paris en 1606, mort en 1656.
Elève de son père et de Lallemand.

68 — Le Sacrifice d'Abraham.

L'ange arrête le bras d'Abraham au moment où il va immoler son fils.

Toile cintrée du haut. Haut., 1 m. 12 cent.; larg., 88 cent.

LA HIRE

(LAURENT DE)

(DEUX PENDANTS)

69 — Moïse frappant le rocher.

70 — La Multiplication des pains.

Bois. Haut., 35 cent.; larg., 23 cent.

LANTARA

(SIMON-MATHURIN)

Né à Oncy en 1729, mort à Paris en 1778.

71 — Paysage.

Une riche habitation, près de laquelle est un pont
conduisant à un moulin, domine la campagne. Un cours
d'eau s'échappe des rochers. Un batelier suit dans son
bateau deux personnages qui se promènent sur le bord
de la rivière.

Les figures de ce tableau sont de H. Robert.

Toile ovale. Haut., 75 cent.; larg., 55 cent.

LARGILLIÈRE

(NICOLAS)

Né à Paris en 1656, mort en 1746.
Élève d'Antoine Goebouu.

72 — Attributs.

Sur une table recouverte d'une draperie, un grand
vase en bronze, un autre en faïence, un violon, de la
musique et divers accessoires.

Toile. Haut., 1 m. 10 cent.; larg., 1 m. 55 cent.

LARGILLIÈRE

(NICOLAS)

(PENDANT DU PRÉCÉDENT)

73 — Attributs.

Sur une table recouverte d'une draperie rouge, un
buste en marbre, une mappemonde, une palette et divers accessoires.

Toile. Haut., 1 m. 10 cent.; larg., 1 m. 55 cent.

LEBEL

(ANTONIN)

Né en 1709. mort en 1793.

(DEUX PENDANTS)

74 — Monuments en ruines avec figures.

Forme ronde. Diam., 14 cent.

MONTPETIT

(VINCENT DE)

Né à Mâcon en 1713, mort en 1800.

75 — Portrait de jeune femme en Diane chasse-resse.

Signé en toutes lettres et daté 1786.

Toile. Haut., 98 cent.; larg., 80 cent.

NATTIER

(JEAN-MARC)

Né à Paris en 1685, mort en 1766.
Elève de son père.

76 — Portrait de Louise Fontaine Du Pin, dame de Chenonceaux, née en 1707.

Vue à mi-corps, la figure de face, robe blanche dé-colletée, écharpe de soie bleue; fond de ciel et arbres sur la gauche.

Signé en toutes lettres et daté 1742.

Toile. Haut., 80 cent.; larg., 65 cent.

NATTIER

(JEAN-MARC)

Né à Paris en 1685, mort en 1766.
Elève de son père.

77 — La duchesse de Chateauroux.

En buste, de face, les épaules nues.
Signé : Nattier, 1749.

Pastel. Haut., 53 cent.; larg., 43 cent.

NATTIER

78 — Portrait de jeune femme en buste.

Penchée vers la gauche, les épaules nues.
Signé : Nattier, 1749.

Pastel. Haut., 53 cent.; larg., 43 cent.

ROBERT

(HUBERT)

Né à Paris en 1733, mort en 1808.
Elève de l'académie de France à Rome, alors dirigée par Natoire.

79 — Le Presbytère.

Un temple en ruine, surmonté d'un clocher, à la fenêtre duquel on aperçoit un moine; au bas, un cours d'eau dans lequel se baigne une jeune femme, tandis qu'une autre y lave du linge.

Toile. Haut., 80 cent.; larg., 65 cent.

SCHALL

(FRANÇOIS)

80 — Jeune fille tourmentée par les Amours.

Elle est venue sacrifier à l'autel du dieu ; un essaim de petits amours l'entourent, lui jettent des fleurs, la percent de leurs flèches ou la brûlent de leurs feux.

Gracieuse composition.

Signé : F. Schall, 1790.

Toile. Haut., 45 cent.; larg., 36 cent.

STELLA

(JACQUES VANDER STAR dit)

Né à Lyon en 1596, mort en 1657.

Élève du Poussin.

81 — Le Mariage de la Vierge.

Le grand prêtre bénit l'union de la Vierge et de Joseph , plusieurs saints personnages les entourent, le Saint-Esprit plane au-dessus d'eux.

Cuivre. Haut., 28 cent.; larg., 40 cent.

STELLA

82 — La Vierge, l'enfant Jésus et le petit saint Jean.

La Vierge, assise, tient sur ses genoux l'enfant Jésus, à qui le petit saint Jean offre une corbeille de fruits.

Haut., 27 cent.; larg., 20 cent.

STELLA

83 — Le Concert turc.

Dans un intérieur, des Orientaux, hommes et femmes, chantent et jouent de différents instruments. Une servante apporte des rafraîchissements.

Toile. Haut., 39 cent.; larg., 57 cent.

STELLA

84 — Les cinq sens.

Deux jeunes couples se reposent sur une terrasse près d'une fontaine ; une jeune femme joue de la mandoline, près d'un jeune homme qui l'embrasse ; la seconde cueille des fleurs, pendant que son amant prend des rafraîchissements qu'un page vient de lui offrir; derrière un mur, un vieillard les observe.

Toile. Haut., 40 cent.; larg., 55 cent.

SUBLEYRAS

(PIERRE)

Né à Uzès en 1699, mort à Rome en 1749.
Elève de son père et de Rivals.

85 — Le Faucon. (Conte de La Fontaine).

Charmante répétition du tableau qui est au musée du Louvre et que M. F. Villot a décrit comme suit :

«Dans une habitation rustique, la jeune veuve à gauche, et en face d'elle son amant, sont assis à une table sur laquelle on aperçoit le faucon servi au repas. La veuve, touchée du dévouement du jeune homme, se lève et, avant de le quitter, lui donne à baiser sa main, qu'il prend avec respect. Au premier plan, à gauche un chien couché, et à droite un chat sur un siége. »

Toile. Haut., 28 cent.; larg., 23 cent.

VERNET

(JOSEPH)

Né à Avignon en 1714, mort à Paris, au Louvre, en 1789.

Elève de son père et de Bernardino Fergioni.

86 — Les Cascades de Tivoli.

La vue est prise du bas des cascades. J. Vernet a placé au premier plan de ce site célèbre un groupe de pêcheurs causant avec leurs femmes.

Cette toile importante est incontestablement de premier ordre dans son œuvre. L'aspect en est grandiose et le faire des plus brillants.

Signé en toutes lettres.

Provient du cabinet de M. Piérard.

Toile. Haut., 1 m.; larg., 1 m. 35 cent.

VERNET

(JOSEPH)

87 — Marine.

Sur le bord de la mer et au pied d'un rocher qui projette son ombre sur le rivage, des pêcheurs retirent de l'eau leurs filets. Une nombreuse société de jeunes dames et de jeunes seigneurs les regarde.

Toile. Haut., 63 cent.; larg., 91 cent.

VALLIN

Né à Paris en 1770, mort en 1838.

88 — La Tentation de saint Antoine.

Le saint, dans une grotte, est entouré d'un groupe de jeunes femmes qui cherchent à le séduire.

Toile. Haut., 30 cent.; larg., 40 cent.

VIEN

(JOSEPH-MARIE)

Né à Montpellier en 1716, mort en 1809.

Elève de Legrand et de Giral.

89 — Jeune fille tressant une couronne de fleurs.

Toile ovale. Haut., 58 cent.; larg., 48 cent.

ÉCOLE ITALIENNE

BERRETTINI

(PIETRO DA CORTONA)

Né à Cortona en 1596, mort à Rome en 1669.
Elève d'Andrea Commodi et de Baccio Ciarpi.

90 — Le Triomphe de Bacchus.

Le dieu est sur un char traîné par un tigre, suivi de
deux éléphants et entouré d'une troupe nombreuse de
faunes et de bacchantes qui dansent ; il est accompagné
de Silène. Dans le fond, un temple à la porte duquel se
prépare un sacrifice.

Toile. Haut., 50 cent.; larg., 65 cent.

BUONAMICI

(AGOSTINO dit TASSI)

Né à Pérouse en 1566, mort en 1642.
Elève de Paul Bril.

91 — Paysage montueux.

A gauche, des rochers desquels s'échappe un cours
d'eau traversé, au premier plan, par un pont de bois.

Bois forme ronde. Diam., 22 cent.

GUIDO RENI

Né à Calvenzano en 1575, mort en 1642.

92 — La Vierge, l'enfant Jésus et le petit saint Jean.

Jolie reproduction du tableau qui est au musée du Louvre.

Cuivre. Haut., 22 cent.; larg., 18 cent.

SOLIMENA

(FRANCESCO dit L'ABATE CICCIO)

Né à Nocera dé Pagani en 1657, mort à Naples en 1747.

Élève de son père, de Francesco di Maria et de Giacomo del Pò.

93 — Le Joueur de flûte.

Coiffé d'une toque rouge, il porte un vêtement bleu avec grand manteau jaune ; à sa gauche une vieille femme, et derrière lui un chien.

Toile. Haut., 34 cent.; larg., 24 cent.

TRÉVISANI

(FRANÇOIS dit LE ROMAIN)

Né à Capo d'Istria en 1656, mort en 1746.

Élève de Zanchi.

94 — **La Madeleine.**

De grandeur naturelle, vue à mi-corps, les épaules et les bras nus, elle tient une croix; s'appuie sur un rocher, ayant devant elle un livre ouvert.

Toile. Haut., 63 cent.; larg., 50 cent.

ZAMPIERI

(DOMENICO dit IL DOMENICHINO)

Né à Bologne en 1581, mort à Naples en 1641.

Élève de Denis Calvaert et de Carrache.

95 — **La Madeleine.**

Elle est assise au premier plan, regardant l'image du Christ en croix qui se trouve auprès d'elle; à droite se déroule un beau paysage avec rochers et cours d'eau tombant en cascade.

Forme ovale. Cuivre. Haut., 26 cent.; larg., 34 cent.

ÉCOLE MODERNE

CHONÉ

96 — L'Antiquaire.

Il est debout, tenant un tableau et entouré d'objets de toutes sortes. A droite, un portefeuille ouvert contenant des gravures; auprès un livre, un cruchon en faïence, un verre de Bohême, un tableau, etc.

Signé en toutes lettres et daté 1852.

Toile. Haut., 45 cent.; larg., 38 cent.

CHONÉ

97 — Intérieur de cellier.

Dans un cellier rempli d'ustensiles de cuisine, une femme est occupée aux soins du ménage. Au premier plan, des légumes.

Toile. Haut. 30 cent.; larg. 46 cent.

COOPER
(F.-S.)

98 — Paysage et animaux,

Sept vaches au repos dans une prairie; à droite, un saule à l'angle d'une haie.

Signé en toutes lettres.

Toile. Haut., 22 cent.; larg., 31 cent.

DIAZ DE LA PENA
(NARCISSE)

Né à Bordeaux en 1809.

99 — Nymphes et Amours.

Quatre nymphes se reposent dans un charmant paysage, et trois Amours voltigent autour d'elles, cherchant à les séduire.

Signé : N. Diaz, 57.

Toile. Haut., 45 cent.; larg., 65 cent.

KOEKKOEK
(BARENT-CORNÉLIS)

Né à Middelbourg en 1803, Mort à Clèves en 1862.
Elève de Jan Herman son père.

100 — Bords du Rhin.

Le fleuve descend vers la gauche, faisant un circuit autour des rochers, que couronnent des constructions avec tours fortifiées. Au premier plan, à droite, des villageois causent paisiblement sur un chemin montueux, ombragé d'arbres et de rochers ; fond d'une immense étendue : villages, rochers et montagnes se perdant à l'horizon, éclairés par le soleil couchant.

Signé en toutes lettres et daté 1856.

Bois. Haut., 58 cent.; larg., 75 cent.

LUCKX

Né à Malines en 1803.

101 — Le Marchand de fruits et de fleurs.

Il tient un pot de fleurs et le présente à une jeune fille qui cherche de l'argent dans sa bourse.

Signé : F. Luckx, 1844.

Bois. Haut., 58 cent.; larg., 45 cent.

ROEHN

(JEAN-ALPHONSE)

Né à Paris en 1799.
Elève de Gros et de Regnault.

102 — Foire de village.

Debout sur escabeau, un bonhomme joue du violon, vend des chapelets et montre une Vierge ; un paysan et son enfant, tous deux montés sur un âne, et quelques autres villageois sont groupés devant lui. A droite, une femme vend des fruits ; dans le fond, le marché avec de nombreux personnages.

Toile. Haut., 55 cent.; larg., 46 cent.

ROUSSEAU

(THÉODORE)

Né à Paris le 15 avril 1812, mort le 22 décembre 1867.

103 — Vue prise dans la forêt de Fontainebleau.

Signé : T. Rousseau.

Bois. Haut., 44 cent.; larg., 65 cent.

ROUSSEAU

(THÉODORE)

104 — Une allée dans la forêt de Fontainebleau.

Signé : T. Rousseau.

Bois. Haut., 24 cent.; larg., 20 cent.

SCHOLTEN

(H.-J.)

105 — Les Joueurs de trictrac.

Dans l'intérieur d'un salon du temps de Louis XIII et près d'une cheminée, quatre jeunes seigneurs assis autour d'une table, jouent au trictrac : l'un, portant un riche vêtement en velours noir, cause avec deux jeunes femmes qui arrivent sur la droite; dans le fond, une servante pose des verres sur un dressoir.

Signé : H.-J. Scholten.

Bois. Haut., cent.; larg., cent.

SCHOTEL

(JEAN-CHRÉTIEN)

Né à Dordrecht en 1787, mort en 1838.
Elève de Schouman.

106 — Marine.

Plusieurs bateaux naviguent péniblement; un vent violent soulève les vagues.

Signé : J.-C. Schotel.

Bois. Haut., 48 cent.; larg., 63 cent.

SPRINGER

(CORNÉLIS)

Né à Amsterdam en 1817.
Elève de Karssen.

107 — Une rue en Hollande.

A droite, des maisons en brique éclairées par un soleil de printemps; sur le devant, des promeneurs; à gauche, des meubles et quelques objets de curiosité qu'un marchand a exposés sur le trottoir.

Signé en toutes lettres.

Bois. Haut., 50 cent.; larg., 40 cent.

TEN KATE

(HERMAN-FREDERIC)

Né à La Haye en 1822.
Elève de C. Kruseman.

108 — Noce de village.

La mariée, entourée de joyeux convives, est assise
auprès de son époux, à l'ombre d'un grand arbre ; les
seigneurs de l'endroit viennent la saluer ; l'un d'eux, le
chapeau à la main, semble la féliciter ; à droite, d'autres convives trinquent à la santé des nouveaux époux ;
vers le fond, deux joueurs de clarinette font danser
les invités.

Signé en toutes lettres et daté 1855.

Bois. Haut., 30 cent.; larg., 45 cent.

VERBOECKHOVEN

(EUGÈNE)

Né à Warneton en 1798.

109 — Paysage et animaux.

Au centre, une vache près d'une mare au bord de
laquelle se reposent une chèvre et deux brebis ; à
droite, des canards et leur couvée ; à gauche, un coq
et deux poules ; au second plan, un berger étendu à
l'ombre de quelques arbres, près d'une maison couverte de chaume.

Signé en toutes lettres et daté 1845.

Bois. Haut., 37 cent.; larg., 49 cent.

VERSCHUUR

(w.)

110 — Paysage, chevaux et personnages.

Un roulier tenant deux chevaux par la bride s'est arrêté auprès d'une construction en ruine pour causer avec deux jeunes filles.

Signé : W. Verschuur.

Bois. Haut., 36 cent.; larg., 48 cent.

9 782329 549026